# 비상구 혹은 그늘의 초상

시현실
시인선
0 2 1

# 비상구 혹은 그늘의 초상

김진숙 시집

도서출판
예맥

## 시인의 말

습관처럼 혼자 서 있는 모퉁이 그늘
누가 오나 싶어 자꾸 기웃댑니다
그렇게 십여 년이 흘렀고 빈방에서 시를 씁니다
현관을 사이에 두고 나란히 있는 창
늘 한쪽 창의 불이 켜져 있기를 바라며 집으로 향했습니다.

2024년 가을 교동에서

김진숙

| 차례 |



## 제 1 부

## 제2부

## 제3부

## 제4부

# 제1부

## 어깨에 힘 빼세요

어깨에 힘 들어가면 부드러운 스윙 안 나옵니다 힘 빼는 데 삼 년 걸립니다 힘 빼세요 투, 쓰리, 차차차, 원, 턴, 앤, 투, 김 선생님 어깨 힘 빼시고, 그렇지 잘 하네요 종아리에 힘이 들어가는 춤을 추면 안 됩니다 허벅다리로 눌러줘야죠 이렇게 룸바는 스텝에서 체중이 앞으로 나가고 차차차는 뒤에 체중이 남아야죠!

텔레비전 화면 속 강사 얼굴 열꽃이 만발이다 어깨에 힘 많이 들어가 뽕 들어간 줄 알고, 세상일 겁낼 것 없이 출입금지도 뛰어넘어 시간 혁명 부르짖었고, 감염된 저항은 쉽게 가라앉지 못하고 오래도록 떠돌았다 겨울비를 안고 소파에 누워 괜히 힘 빠진 어깨에 힘을 바짝 줬다 살아온 날 통틀어서 이렇게 목덜미가 저릿해보긴 처음이다

# 비상구 혹은 그늘의 초상

컨트롤 에프 눌러 탐색기에서 주소 표시줄 목록 찾아 삭제하고 또 삭제하면서 지난날과 지난 사람을 지워간다 그래도 지워지지 않는 게 있다면 그건 컴퓨터의 반칙이다 컴퓨터에도 부정부패가 나날이 많아지고 있는 걸 알기에 검은 마스크를 하고 바이러스와 게임 하는 새로운 사람을 디스크에 저장한다 차곡차곡 쌓아 두었다가 원천징수하듯 언제 한꺼번에 꺼내 볼 요량이다 순간 컴퓨터는 물먹은 하마처럼 꾸룩 파찰음을 내며 로그아웃 된다  백업을 안 해놨는데, 다시 지난 사람 지난날도 소환해야겠다

그렇게 함부로 지우면 안 되는 것 들이었다

# 동물의 왕국

내일의 배고픔 걱정 안 하는 초원의 그들
빈익빈 부익부가 없다

태양은 끊임없이
골리앗 같은 강자의 유전자
완성시켰지만

배부름이 살려놓은 약자들의 뒷면
배고픔을 앞지르지 않았다

눈에 보이는 것에
겨우
핏발선 부끄럼
새가 하늘 품고 오른다

불안해 하는 인간의 발명품 비축
신의 한수였다고 때 놓친
의심을 한다

골리앗 같은 기계로 낮은 판잣집 들어낼 때도
나뭇가지를 부러뜨리다 작은 싸움이 났지만
바람은 다시 초원에 분다

완벽한 정글은 없다
탯줄 끊긴 숲, 작은 바람
변하지 않은 관계다

# 줄 서기

마을 끼고 화학 군부대 지나
과부가 군인 여럿 울렸다는 구멍가게를 지나면
정오의 햇살 아래
반짝이는 비닐하우스가 있다

햇볕이 기우듬히 누워
폭락하는 오이를
탐스럽게 익히고 있는 비닐하우스 안
농자금 이자불입이 고랑마다 가득하다
줄을 잘못 서 생긴 일이다
고공 행진하는 토마토에 줄을 섰더라면

살면서 줄 잘못 선 일이 어디 이것뿐일까
줄 속의 줄도 되지 못해 서성인 적이
어디 한두 번일까

다음 줄을 위해
오이줄기 받치고 있는 각목 몇 개
곧추 세워본다

# 옛 일

한때 나는 내가 살던 좁은 골목에
서점을 내고 싶은 마음 간절했으나

한낮 가겟집 평상에 만우아버지 술 취한 고함이
골목을 사 버려 그만 둔 적이 있다.

# 쉿,

봉의산

저 혼자

산수유 낳고

생강나무 낳더니

부끄러운지

진달래로

금줄 쳤네

## 사막에 길을 내는 여자

어머니가 내게 주신 젖 힘 조금 남았습니다 뼛속 고단백 지독히도 빼 먹었습니다 나무 등걸 같던 당신 어깨에 내 기름진 얼굴 많이도 비볐습니다 긴 여행 준비 중일 때, 옹이 박힌 당신 손가락 발가락에서 검은 머리카락이 자라면서 사막에 길을 내고 있었습니다 왼발을 저는 내가 오른발도 절을까 두려웠던 건 아닐까요 같으면서 달라야 하는 나하고의 관계가 두려웠던 건 아닐까요 당신 가슴에 화인 같던 나도 흰 머리가 나려고 머릿속이 시끄럽습니다 허둥대지 말아야겠습니다 아직도 가슴 중심으로 따뜻함이 흐르는지 후끈할 때가 있으니까요

# 그린 미장원

벗겨진 선팅 너머
꼬불꼬불 라면을 머리에 이고
열반에라도 들었는지
감은 눈 뜰 생각이 없는 할머니
텔레비전은 혼자 웅얼웅얼
우중충한 신작로 건너 헤어숍 째려보는 미용실 원장님

주택가에 미용실도 아닌 헤어숍이 들어왔던 게
지난봄
건너편 헤어숍 간판에 앉은뱅이 햇살 한 줌 올라앉기라도 하면
재빨리 자투리 햇살 그린 미장원 간판에 올리고
애꿎은 앞치마 실밥만 뜯고 있더니
눈썹 문신 배우러 학원 등록을 한 그린미용실 원장님

시꺼먼 눈썹 할머니들
꽃비 같은 인사 하며 그린미용실에 앉아
양푼에 봄 햇살 고명한 헤어숍 비벼 먹고 있다

# 가을

해질 녘 누가 창문을 서성거려 내다보니
봉두난발한 풍경이 있다
낙엽에선 누렇게 밥 익는 냄새가 난다
보일러를 틀었다
저녁을 끌어당기는 눅눅한 바람
골목을 훑고
몸 뉘일 곳 찾던 바람은
달 뒤편으로 몸을 숨긴다
매일 자라는 이슬들이 저녁을 흩뜨려 놓지만
아무에게도 거기서 뭘 했는지 말하지 않았다

이제 단단해진 네가 뒤늦게 서 있구나

# 노숙자

점멸하는 사유로 생을 끌고 들어 선 동사무소 가난을 게워낸다 비루함을수집하는 사회복지사 값을 매겨 흥정한다 변명이 아니길 바라면서 차마 눈길 거두지 못하고 가난에 맥 짚어주고 돌아앉은 복지사 등허리가 시퍼렇다 어설픈 핑계 알코올 냄새가 여름 한낮을 들통 나게 한다

한때 가내공장 일꾼들 거느리고 거들먹거리며 행세했던 때가 치명적일 수도 있다 돌아서는 사내등 뒤로 벼랑 끝 솔개그늘이 진다 알 수 없는 마음 하나 출렁인다

## 고목에도 꽃이 피네

한 시대를 겁 없이 살아온
속살에 박힌 이야기
여자는 바삭바삭 뜯어 먹으며
불면으로
처방받은 새벽의 혀를
잘라낸다

별 것 아니라며
고목에 꽃 피우는 마법을 부리자
절룩대는 삶이 어디 나쁜이랴
손끝으로 겨울을 녹인다

짓밟혔던 시간의 뒷 터
한낮의 위로를 받으며
겨울나무 풍경을 맛있게 먹는다

# 시월이어서

가을비 내리면
그대 산소라도 다녀와야 견딜 수 있는 날이 있다
저 길 끝으로 걸어가는 사람처럼
식탁에도 길이 있음을 알았을 때
빈 그릇에도 수저를 놓아야 했고
숨겨두고 까맣게 잊어버리는 비상금처럼
기억의 위력 알았을 때도
젓가락을 놓아야 했다

저무는 것과 저물지 않는 빗속에
곤두박질하는 저녁
롯데리아 간판을 어둡게 하자 버거세트가 얼굴을 찡그린다

시월은 그런 달인가 보다

# 초승달

토라져

돌아누운

그녀

그믐달로

마주해야지

## 팔월의 외줄

옥상에 매달려 궤도를 도는 페인트공 광수씨, 취직공부하느라 마흔이 넘은 철없는 딸과 화투에 미쳐 제때 밥도 안 챙기는 마누라를 위해 옥상 방수 칠을 우주 속 한 점 먼지 될 때까지 칠하고 또 칠한다 팽팽한 밧줄에 정오의 해 통과하며 페인트 꽃물을 산란하자, 모르겠어요 집에 있는 두 사람은 어떤 마음으로 살고 있는지요 아마 날이 너무 더워서 그럴 거예요 의심이 필요 없는 공중에서 주문처럼 말하는 광수씨, 아래층에서 커피향이 펄럭이다 급브레이크를 밟으며 광수씨를 유혹한다 떨어져요 지금 빨리요

못 들었는지 허리에 찬 밧줄 힘주어 당기자 꽃물이 사방으로 번진다

# 지하상가

분수대 앞 신문 옆구리에 끼고 썩지 않는 방부제 같은 무용담,
주파수가 어긋난 라디오다
그곳에는 각자의 비밀을 만지작거리느라 목을 축이러 가지도
못한 늙고 지친 이들의 앞뒤 맞지 않은 이야기가 삐뚤빼뚤하다

들불 같던 가게 불이 꺼지며 음악이 바닥에 젖은 잠을 청 하자
지하상가 끝나는 저 끝 점점이 빛이 들어온다
그들은 지상으로 올라갔지만 떠도는 이야기는 어둠의 사열을
받으며 지하에 뿌리를 깊이 내린다

갈 곳 없는, 단어가 문득  서글퍼지는 날이다

# 제 2 부

# 꽃상여

선소리꾼 선창 따라가는
꽃상여
딸의 곡은 저승까지 들린다고
광판리 골짜기 가득 메운다

천수 다하지 못하고 드는 길인 데도
그토록 화사한 꽃상여

오래 앓아누운 몸
가슴을 비워내고
숨 모은 목울대에 넥타이 매자
목구멍
자식들 소리 걸려 쿨럭인다
그리운 사람들 어깨에 기대 가서 다행이다

나풀대는 나비 한 마리 꽃상여에 앉는다

# 키 재기

더 이상 문지방 눈금은 키를 키우지 않아요
훌쩍 커 버린 아이는 낙서 위에
덧발라진 벽지만큼 단단한
뼈마디가 자랐지요
발꿈치 들고 파닥이며 복사뼈 깊이
가둬 둔 성장통을 꺼냅니다
평생 뜯어낼 일 없는 문지방 키 재기 눈금이
아이를 붙잡아 줄 겁니다

# 수타사2

그 어느 영혼이 꽃살문에 흔적 남겼는지
숨결 빠져나가는 소리 들린다

불당 가득한 향내는
바닥을 떠돌고

불당 뒤란에 쌓인
눈 위 멧새 발자국
먼 길 돌돌 말아 떠난 흔적
천왕성 눈 부릅뜨고도 못 본 게다

한창 나이에 떠난 그는
햇빛 한 줌으로
작열하게 부서져
눈보라 속 능선에 누웠으리라

참꽃 한 묶음 불전에 놓고 싶은 날이다

# 식구

식탁에 밥 한 공기와 수저를 나란히 놓습니다
가쁜 해서 바람도 떨립니다
얼마 전까지 네 귀퉁이 식탁 다리가 휘청해서
밥그릇 들고 총총히 먹었던 기억입니다
흩어진 식구들 숫자 세어 보고 또 세어 봐도
저릿한 타박상처럼 건드리면 통증이 먼저 오네요
물에 만 밥
저 혼자서 목구멍에 걸려 곤두섭니다.

# 양지요양원, 상영 중

영화포스터에서 나온 여자
귓속 가득 돈을 넣어 소독하고
돈 가방 벽에 걸어둔 채
술 한 병, 담배 한 갑과 늙은 연애를 한다

걷는 일을 오래 잊고 산 탓에
여자는 조린 고등어같이 찝찔하고
아픈 주름살 같지만
가슴을 오그리면 여전히 소녀의 얼굴이다

앞쪽으로 부드러운 망토를 덮어주고
등 뒤로는 여자가 죽었으면 좋겠다는 침묵으로 받아주는
눈길
열려 있는 봉분 안에 소나기가 들어차고
사무치게 때를 놓친 깊은 잠 따라 들어간다
담배 한 갑과 술 한 병이 소낙비에 튕겨
스크린 가득하다

전원을 뽑는다

# 월남댁

한 여름에 떠나와
낯선 이들 속에서 빌어 쓰는 언어
묵언하는 그녀
곁방살이하듯 땅을 밟는다

빛마저 다른 이곳에서
눈, 코, 입 똑같은 싹
말없이 올리고
감정과 육신을  파괴하는 남자에게
급히 두 손 모아 합장한다

메마른 옥수수
숨겨놓았던 눈물로 쪄낸 저녁
마주한 손 놓을 수 없어서
가슴에 켠 등 하나씩 소등하며
고향집 옥수수 밭으로 달려간다

갈라진 뒤꿈치 벌건 핏물
단 한 번의 위로도 없이
이 땅에서 저 땅까지 번지며
그녀를 태어나게도 하고 죽게도 하며
침묵하고 있다

# 이발소

점방집 사내 희망근로 나갔다 중도에 모가지 잘린 게 억울하다고 술내 풍기며 이발사에게 핏대 세운다 자기 모가지가 그 여시 같은 팔봉 댁이 갖다 바치는 커피만도 못한 것이라며 씩씩댄다. 시퍼런 면도날에 맡긴 내 목이 뜨끔하다 피라도 난 것일까 목울대가 뜨뜻하다 삶이 그대를 속일지라도…….벽 한쪽에 걸려있는 낡은 액자 속 푸시킨의 삶이 먼발치에서 사내를 잠재우고 문밖에서는 탈탈거리며 삼색등이 무심히 돌아간다.

# 줄잡기

유치원 아이들이 화목원에 나들이를 왔다

선생님은 큰 소리로
"잡은 줄 놓치면 안 돼요"

한 눈 팔지 말고 앞사람을 잘 보고 따라가라는
예전의 가르침이라면
지금은 잡은 줄이 길이다

어수선한 나들이는 비록 삐뚤빼뚤한 줄이지만
아이들은 잡은 줄 놓치면 큰일 난다는 것쯤 안다

크면서 배우는 첫 번째 줄잡기다

# 코로나에 대한 단서

하늘과 땅

맷돌질해서

관계 재설정해야 한다

배후로 지목되는

판도라의 상자 닫고

이 시각 주요 뉴스

거꾸로 읽어야 한다

# 사월

벚꽃으로 안방도배 하고

꽃향기로 건넌방을 도배했다

외풍 들어오는 벽에 세 들어 살면서

우울한 창문 하나씩 걷어내고

쇄골 같은 문지방도 없앴다

한 번의 뒤척임도 없는 바람벽의 달력

날개가 돋고 있는 중이다

## 바코드

눈이 되고 싶어 하늘로 갔고 벚꽃이 되고 싶어 꽃이 된 남자 바코드처럼 손가락에 새겨진 문신, 사람 일은 알 수가 없다 아무렇게나 구겨 신은 신발 속에 아직 떠나지 못한 이야기는 잔뿌리를 내리고 말은 퍼졌고 하늘보다는 땅에 더 많이 퍼졌다

곤두 선 세포 전류처럼 흐르고 꼭 다문 입 그림자의 부축을 받으며 기막힌 하루를 보낼 때 함박눈도 내리고 벚꽃도 내린다

지금 이곳은

# 달

할머니, 달이 우리 쫓아와요
아이와 천호 공원 가는 길에 따라나선 달

어릴 적 산동네 리어카로 이사하던 날
다리 불편한 어린 딸 업고
찌그러진 달 속에
스스로 유폐되었던
아버지의 지난 모습
내 몸 여기저기
옛것 불러일으켜 집 짓는지 아프다
아버지 등에 업혀 본 찌그러진 달

이제야 둥글어져 환하다
할머니, 달이 자꾸 우리 따라와요

# 십자드라이버가 필요한 날

네가 생일 선물로 준 거북이처럼 오래 살라던 덕담을 안고 잠들지 못한 시간을 경험을 해 봐야 찬 밤공기가 사치란 걸 알게 되겠지 생각을 정리하다 시간도 정리해 버렸어 그게 무슨 관계인지 알지도 못하면서 네가 구성한 장수하라는 알고리즘에 나는 연산되고 이제 도출될 차례, 잊히는 것이 두렵고 아무도 없음이 두려워 헐거워진 시간을 조여야 했던 날이다

# 복권에 대한 단서

기분 좋을 때
우울 할 땐
주머니 속 백 원 동전으로
은박지를 긁어요

뜰채에서 튀어 오른 물고기처럼
성실해 본적도 없으면서
아무리 긁어도 꽝 복권은 생각도 하기 싫어요

지나다 봐 두었던
아담한 상가
용돈은 나올 것 같아
복권을 사러갔어요
열심히 백 원 동전으로 긁고 있는데
도깨비방망이 같은 복권방 주인이 한 마디 하네요
최소 오백 원 동전으로 긁어야 확률이 있다고요
내게 오백 원이 없는 걸 어떻게 알았을까요

복권의 연대기나 찾아봐야겠어요
그건 아마 오백 원에서 시작되지 않았을까요

# 사람을 생각하는 일

하필, 이 새벽
화장실 물내려가는 소리가 사람을 생각나게 한다
사람을 생각하는 일
혼자 밥 먹는 것처럼 재미없는 일이다
한쪽발로 깽깽이로 뛰는 것처럼
참 쓸쓸한 일이다.

# 제 3 부

# AI

하루아침에  잘린 모가지들이
스카이콩콩으로 널뛰기를 한다
성실하게 목을 자르며
다소곳이 앉은 ai
자판 두드리자
전쟁 속 포화처럼 이메일이 쏟아진다
계약 종료 계약 종료 계약 종료
컴퓨터화면에 눈이 내리면서 변증의 비명을 쏟아낸다

몸뚱이가 할 수 있는 일 찾아 검색창 열어두고
바람 부는 작은 공원에서 그네나 타야겠다

# 거짓말

대장암 말기 어머니
구부러진 허리 못 펴고
집 떠나네

어디로 가는지도 모르고
요양병원으로 떠나네

"야야 어데로 가니?"
"엄니 병 고치러 가요"

평생 아들 말에 안 된다고 한 적 없는 어머니
아들이 하늘이고 땅이다
어머니 그 끝에 세워두고 돌아오는 길
온통 피눈물이 뺨을 갈긴다

"야야 어데로 가니?"
"엄니 병 고치러 가요"

둥그렇게 눈 뜬 저녁노을이 두 눈 껌뻑이며 운다

# 게임 중독

백일홍 피는 날 남자는 죽었다

꿀떡꿀떡 넘기던 막걸리처럼
목구멍에서 피를 쏟더니
한 손에 꼭 쥐고 있던 오만 원을 여자 손에 건넨다
3번 테이블 잭팟이 터질 거라고

그림자가 흔들렸고 게임방에 누워 있는 남자는
제발 한 방만을 외치며 팔에 꽂힌 링거를 뽑아버렸다
남자는 앞으로 쏟아졌고
시커먼 폐는 깊은 잠에서 깨어 날 줄 모른 채
고요하기만 하다

기계음과 함께 남자의 눈은 자꾸 깜박이고
몸에서 전기가 하나씩 끊길 때마다
게임도 끝나가고 있다

여자는
밤새 삶의 절정을 일으키다 넘어지는
남자의 몸뚱이를 꼭 안았다

## 관계

한 떼의 소나기처럼 책들은 쏟아졌다
방안 가득 불화를 겪고 있는 공간을 겨우 달래
책들을 일으켜 세운다

한때 나만의 공간을 고집했던 시절
마루에 배 깔고 공부하며 호시탐탐 노리던
군대 간 오빠의 책상
오빠가 절이고 교회였던 어머니에게 타협은 없었다

좁아서 무릎이 부딪히고 어깨가 닿는 건
그곳이 보호구역이라서 그렇다고 누가 말했듯이
더위의 모서리를 끌고 그늘을 열면
공간과 책 더미의 관계가 좋아질 거라 믿는다

가구들이 더운지 문을 열고 있다

# 그 남자

그림이 엎드려 있다
물고기가 새를 업고 꽃 피우는 것은
무성해진 봄을 지나는 것일 게다
그림을 세우려고 종일  화실 주변을 서성였다는 남자
코로나19로 그림 전시가 연기된 날
어김없이 피어내는 봄꽃들의 개화 순서를 주문처럼 외웠다고

바닥의 먼지처럼 생각 없이
공중부양이라도 해야 되는 건지
새가 꽃을 마구 토해내고 있다

그래도 봄엔 우울하면 안 된다고
꽃들에게 미안한 일이라며 남자는 낮술을 마셨다
그리고 통기타 두드리며 노래를 불렀더니
코로나19 바이러스가 노랗게 핀 산수유처럼
보였다고 활짝 웃는다

## 귀로

해가 지면 습관처럼
돌아가야 합니다

몇 만 년 전쯤이었을까
그때 그곳에서도
등에 저녁을 싣고 돌아갔습니다

마음대로 밤을 선택하는 것 같지만
창문 열어 어둠이 들어가고
불빛 나오는 것을 알아야 합니다

어둠 밟으며
길 잃을까
걱정할 이유가 없습니다

해가지면 습관처럼
길을 내며 돌아오니까요

# 구직

벼룩시장
없는 게 없는 곳이지만 내 것은 없다

한 번도 앉아서 잠든 적 없는 야생마처럼
허허 웃음 지며 허공에 발 뻗으며
뿌리내리기를 바라며
산 일밖에 없다

은행나무 가지마다 쌓인 눈, 눈이 시리다
단순히 소주잔 들고 한숨 쉬는 것 말고
오늘의 운세는 그야말로 "안녕하세요 좋은 아침입니다"

# 김해 내외동시장

발정하는 밤꽃이 휩쓸고 간 칠월
내외동 시장 피뢰침 같은 햇빛
난전 파라솔 아래, 할매 얼굴 검버섯이 파랗다

팥소에 밤 꽃 내 넣어 쪄낸 찐빵가게 복작되는 걸 본 할매

쪽파1500원
복숭아 5개 10000원
복숭아 주무르지 마세요 영감 불알이 아닙니다

할매가 펴 놓은 박스에 완판을 노린
카피라이팅

# 나는 항상 후회한다

구석에 누워 깍지 낀 손
긴 막대처럼 늘여
그림자 만들고 있다
그림자 찢어지자 버럭 한다
돌아눕는다 비켜간 손금처럼

다시는 잘못이라 말하지 않겠다고 했다
단어의 선택과 배치가 잘못됐고
오른손잡이가 왼손으로 밥을 먹는 것뿐이라 할 것이다

기억하고 기억 못 하는 것들에 대해
깨닫고
바닥이 보이는 감정에 대해 위험한 처방은 위태로웠지만
찢어진 그림자 꿰매고 밥 먹는 법을 다시 배운다

# 15도

기울어진 지구에 사는 우리들 조금씩 휘어져 말도 기울게 하며 산다 동네통장이 와서 담벼락에 말라붙은 담쟁이 보기 안 좋다고 걷어치우라고 한다 통장의 굽은 등을 보고 얼른 유리에 비친 나를 보니 나도 기운축이 15도쯤 된다 지구의 기울어진 각도가 15도가 되려나, 지구가 기울어져 담쟁이가 담 탄 것을 동네사람들은 왜 보기 싫다고 하는지 모르겠다 사다리라도 펴서 동네사람 마음 펴줘야 하는데 교동세탁소 에서는 구겨진 편견, 스팀다림미로 펴는지 픽픽 소리 요란한데 해 질 녘 지구 위 사람들 자꾸 기울어진 것들만 생각하고 말라붙은 담쟁이 흘겨보며 지나간다

# 꽃 꽂은 여자

폐경이 되어도 꽃이 피는 여자가 있다
뻥 튀기를 좋아하고 풍선껌을 아주 잘 불었다

늦은 오후가 밤 열 시 쪽으로 기울 때
마포자루를 든 남자는 여자를 쓸어 버렸다
여자는 풍선껌을 더 크게 불었다

여자의 가늘어진 다리 사리로 역마살이
풋내를 풍기며 갈 곳을 찾는다

허공이 그녀의 출생지라
지상에서의 발 디딤은
운명의 이탈임을 여자는 알 도리가 없다

아침이면 여자는 안개 묻은 풍선껌 불며
마트에 출근해 갖은 참견을 하더니
요즘 안 보인다

여자의 안부가 궁금하다

# 도시의 하루

어제의 허물 중얼거리며
과자부스러기 쪼아대는
노숙자

툰드라 목초지처럼
윤기 나는 태생이었건만
적토마 같은 갈기 휘날리며
뜨거운 콧김을 천지에 내뿜었건만

어깨 흔들어주고
점멸하는 빨간 신호등 위에
날갯죽지 하나라도 올려줬다면
흩어지는 새벽안개를 약처럼 복용하진 않았을 텐데

자기보다 큰 하루를 끌고
안개 속으로 들어간다

## 망각을 위한 새벽의 헌사

삐걱이며 조는 방문 턱

회색 아침

대문 옆에 끼워놓고

존다

골목 지나는 발자국 소리

탑을 쌓고

말없는 시간

요란하게 땅속으로 꺼진다

아무것도 새로울 것이 없는 밤

아침으로  바뀌어 가는 것도 지루한 일이다

누군가를 만나 밤새

생을 모반하며

달빛 엿보다 몽정도 하며

사람이 걸어 들어간 길에서

빠져나온다

지독한 불면이다

# 58개띠

신이 났어요 내일 지구가 뽕하고 없어지는 줄 아나 봐요 미러볼조명이 그들 얼굴을 도깨비처럼 만들었어요 콩나물교실에서 국민교육헌장 달달 외운 솜씨라 노래도 틀리지 않고 부르네요 고등학교 본고사 없어지고 뺑뺑이로 시작된 그들이라 그런지 부둥켜안고  블루스도 어쩜 그리 잘 추는지요 베트남전, 서울의봄 아이엠에프 터져 사오정 되고 삼팔선 되었어도 끄떡없었어요 몇 번의 안간힘에 일어서지 못할 때도 있었지만 보세요 지금은 단수된 수도꼭지에서 푸푸하고 헛바람 나오듯 꾹 눌러온 신명을 풀고 있잖아요 집으로 갈 시간이네요 복 많아서 구 순된 어머님 인절미라도 들고 가야되겠어요 아 참! 취직 못해 해종일 방에서 안 나오고 있는 딸년 용돈 줄 거나 있는지 모르겠네요 참 나

## 식탁에서

남자는 숟가락을 놨다

함부로 구길 수 있는 심장이 아닌 걸 모를 리 없건만 남자가 밟고 지나간 시간 누군가에게 밀려 달빛에 떨고 있다 해가 지면 돌아가야 한다는 오랜 관습이 싫고 읽다만 책 접어놓은 고립된 페이지가 싫었나 보다

여자는 젓가락을 들었다

오래도록 별걸 다 기억 하는 것이 싫어 이불위에 시간을 수북이 쌓았다

옹이진 한 남자가 빠져나간 기운 옆구리, 빈 대궁 같은 오늘 문을 열어주려고 해도 손잡이가 없어 열리지 않는 문 앞에서 조등으로 걸린 시린 달빛 온 몸으로 받아내고 있다

# 관계에 대한 단서

꽃그늘 저만치 헤어지는 날
커피에 각설탕 네 개
어둠 속으로 사라집니다
늙은 길고양이 창틀에서
사라지는 각설탕을 아쉬워합니다
밤마다 길고양이 괴성이
눈가 짓무르게 하지만
골목 비밀이 바지 속
동전에 불과하다는 것을 알았습니다

밤마다 네가 죽었으면 좋겠다는
비약적인 이미지를 떠올릴 때마다
팔짱도 못 낍니다.
창틀 위 창틀
창틀 위의 벽돌이
각자 의심의 단서가 되기 때문입니다
늙은 길고양이 결국 주검으로 대신하고
내 가슴 중심에 돌덩이 하나
쿵 들어오네요

# 제 4 부

## DNA

신음소리 골방 벽을 타고 천정에 자리 잡는다
한 움큼의 소다, 기침의 고통  잠재우고
올망졸망한 눈동자들 허기짐 재촉한다
각혈과 함께 토해내는 만성의 가장 부재
그 속에  삶의 훼방꾼이 있을 뿐이다
휘어진 허리만큼 안주머니 유서도
제 구실 못하고
떨어진 날개 속으로 보듬은 저것들
한 움큼의 소다를 목구멍으로 넘기고 있는
유일한 이유였던 것을

아득한 아버지의 두려움
가슴의 상흔들로
곤두선다

# 그렇습니다

비가 왔습니다
퇴계동에서 효자동으로 교동으로
어디에도 속하지 않지만 어디에나 존재하는 이사 이력입니다
동서남북 나눌 수 없는 단칸방이었지만
동쪽에 머리를 두는 꿈도 꾸었습니다

지금은 비도 오지 않습니다
바람대로 동쪽에 머리를 두고 잡니다
이 방 저 방 골라서 눕지만
쉽게 잠들지 못해 꿈도 못 꿉니다

비 오는 날 이사는 수많은 명제를 부수고 허무는 일입니다
이젠 시공간을 점유한 붙박이로 살고 싶습니다

# 마을버스

마을버스를 탔습니다 텃밭 낀 집을 지나 교회 쪽으로 가고 있습니다

늙은 개가 십자가를 핥다 조는 곳입니다 바짝 마른풀들이 손들어 버스에 오릅니다 북망산으로 가냐고 묻고 대답은 안 듣습니다 쭈그린 두렁길에서 버스 덜컹이자 빠져버린 틀니가 성을 내며 기침을 합니다 파스 냄새 풍기는 마른풀들이 조금 남은 햇살을 허리에 곧추세우자 누군가는 웃었고 누군가는 버스를 머리에 이고 가자고 합니다 건조한 감정 한쪽을 주고받는 척하던 마른풀들은 아우성치며 샘밭 장터에 내려달라고 합니다 종점까지 가면 큰일 난다고 말입니다 이크! 나도 내려야겠습니다 그렇게 버스는 미처 내리지 못한 누군가를 태우고 종착지로 갑니다

# 명의

가위 바위 보
목덜미를 꾸우욱
어떤 손가락이게

동동 동대문을 열어라
남남 남대문을 열어라
12시가 되면 문을 닫는다

우리 집에 왜 왔니 왜 왔니
꽃 찾으러 왔단다 왔단다

명의는 레크리에이션 치료 끝내고
한 달 치 처방전을 주고 늦은 밤 떠났다

허리가 더 아프다

# 봄2

눈 감으면
아이의 비밀 다락방 같은 냄새

물기를 흠뻑 빨아들여
둥그러진 길

색색 사연의
사람들이 나온다

봄볕 끊어다
새 옷 만들어 입혀야겠다

# 똥강아지

아기는 하루에 몇 번씩  똥 싸는데
나는 자꾸 똥을 뱃속에 쌓아둡니다
나도
하루에 몇 번씩 똥 쌀 때가 오면

그때는
그때는

아기 되려고 하는 거라고
사람들은 말합니다

## 여름에 대해서

좀처럼 변하지 않는 것들과 타협을 못하고 너라는 계절을
함부로 지우려 한다 잘 흔들리는 것이 중심의 축이라지만
얼룩진 얼굴에 빈틈없이 박힌 검은 햇빛, 에어컨은 절대 켜
지 않고 그늘 찾아 깊이가 사라진 길을 찾겠어 펄펄 끓는 아
스팔트 한 복판에 장마가 빠져나와 숨 쉬고 모두는 우산을
버렸지

물러날 것 같지 않은 한여름 그렇게 지나간다

# 옛집

누렁이와 아이가 뒹굴던 마당이 없어졌다
라면처럼 고불고불 돌며 느린 발자국 받아주던
골목과 희망슈퍼도 없어졌다
사람냄새 꿉꿉했던 골목
밀리고 밀리다
뿌리째 뽑힌 고춧대궁 같이
빛바랜 삶의 이력

비상구 없이 하늘높이 솟아오른 옛집
퇴계동 61번지
발이 마당에 닿지 않는다

# 중환자실

늙은 지구가 아프다

별만 세다 멸종한 버펄로처럼
벌거벗겨진 미라처럼
박제되기를 바라면서 아프다

지구의 연대기를 말하는 사람들이
안과 밖을 들락이며 끊임없이 혀로
지구의 뼈를 핥아주지만 기계음이 조금씩
지구를 밀어낸다

기계음과 함께 깜박이는 이곳을
제 발로 걸어 나갈 수만 있다면
순도 높은 바다에 지구를 헹굴 거다

해열제 몇 알과 지구의 체온이 뒤섞인 아침
아직 춥다

# 폭설

발목이 푹푹 잠겼고
그는 보이지 않았다

자전거도로는 설원의 고라니처럼
길을 잃고 강둑으로 들어간다
참아온 폭설이라 그를 찾기가 힘들었다
집과 집 이어주던 길도 사라지고 없다
그 위를 토끼처럼 뛰었지만
그는 보이지 않았다

폭설의  무게 견디지 못한 그는
잠깐 길을 열어 준 순간
망설임 없이 들어갔다
못 찾겠다

신북 오일장에 가야겠다
슬프도록 짧은 머리의 그가 품바가 되어
장터에서 춤추고 있을 테니

# 할미꽃

할미꽃 넷이서 화투를 친다
대접에 타놓은 믹스커피의 심심한 냄새
화투판의 열기  라스베이거스 카지노 못지않다
바닥에 깔린 동전 자리 옮겨 다니며
할미꽃들 애간장 태우고
십 원짜리 백 개  다 잃은 1호 할미꽃
화투판 뒤집자
2호 할미꽃 개평이라고 십 원짜리 오십 개 건넨다
마지못한 척 받아 들고 자리 터는 1호 할미꽃

저 혼자 떠들던 텔레비전
비트코인이 천정부지로 올랐다고
빨간색으로 들썩이자
3호 할미꽃 쯧쯧 대며 채널 돌린다

소맷자락 풀린 올 사이로 짤랑이는 동전
두둑한 십 원짜리 노잣돈에 남은 할미꽃들
오늘 밤 단 꿈을 꾸겠지

# 화장火葬

키 작은 뼈 사이로 검은 꽃이 보였다
어머니를 발굴하는 내내 봄볕이 쏟아졌고
'해준 게 뭐 있냐' 던 내 독설이
어머니의 삭은 뼈마디에서 반짝인다
때때로 부는 봄바람
상처를 집요하게 핥아 대며
산자의 무게로 누른다
어떤 미안하고 미안한 안부는
그리울 것 없이 가슴깊이 화형火刑이 됐다
심장을 쪼였던 어머니
부패의 온기도 없이
조용히 내게 온몸을 내주고 있다

## 양봉쟁이 김씨

봄밤과 협상하던 날
꽃피어 가위 눌리는 꿈
길쭉하게 흔들어 놓는다

목 늘어난 러닝셔츠처럼 개화한 아카시

밤새 실없이 웃었던 김씨
어둠을 밀어내고
팽팽한 새벽안개 감아올리자
더 뾰족해진 꿀벌 엉덩이 달큰하다

얼굴에 기미끼듯
봄은 거뭇해져 있고
꿀벌은 씨알이 굵어져 있다

산 아래서 개 짖는 소리에
김씨는 협상을 끝내고
오월을 아카시 나무에 묶어둔다

# 한파주의보

카페에 앉아
그대 머리에 하얀 서리 내리는 것 보며
벽시계는 가길 멈추었지만
시간은 빨리 흘러갔죠
추위가 지나가는 자동차를 다 집어삼키고
찻잔 들고 있던 그대도 삼켜버렸죠
기억하는 건 어둠 속 폭설이 카페 창문을 두드렸다는 것 뿐입니다

오늘밤 추위
꼭 그대 떠난 날과 같군요
폭설에 원창고갯길이 막혔다는 뉴스에 내 기억만
추모공원에 보내기로 합니다
폭설이 있는 날은 한파주의보가 해제되는 날입니다

# 사월2

선잠 깬 눈가엔 희뿌연 새벽
간밤 거친 꿈길 접지 못해 매일 자라는 이슬을 모아
먼바다 건너온 황사바람에게 보냅니다
지상을 통과하는 헝클어진 봄볕이 칡넝쿨처럼 자랄 때
오래전 떠난 그대를 생각하지만 봄볕에 구름사다리를 세우진 않아요
새벽의 사열을 받으면 죽은 씨앗도 싹을 올리는 때이기 때문이죠

동안거 끝낸 개나리 잎 피는 소리 자욱하네요

먼바다엔 물이랑 자꾸 높아만 가는데 말입니다.

# 영원한 존재자의 그림자 속에서

-김진숙 시 세계-

이영춘 (시인)

*하필, 이 새벽*
*화장실 물 내려가는 소리가 사람을 생각나게 한다*
*사람을 생각하는 일*
*혼자 밥 먹는 것처럼 재미없는 일이다*
*한쪽발로 깽깽이를 뛰는 것처럼*
*참 쓸쓸한 일이다*

*-「사람을 생각하는 일 」 전문*

## 1. 부재자에 대한 그리움의 심상

위의 인용 시는 김진숙 시인의 첫 번째 시집「사람을 생각하는 일 2020년」의 제목이다. 가까운 사람을 떠나보내고 가슴속에 응어리지는 아픔을 이토록 담담히 그려낸 지적 표현의 산물이다. 이제 김진숙 시인의 옆 사람, 그가 떠난 지도 어언 12년이 되었다. 그러나 작자의 가슴속에서 되살아나는 심층의 저 깊은 곳에는 아직도 그가 살아 함께 호흡하듯 수시로 찾아오는 그리움의 대상이다. 이런 까닭으로 김진숙 시인의 이번 시집「비상구 혹은 그늘의 초상」(「2024 시현실」간행)의 주 모토motto를 두세 가지 특성으로 감상할 수 있다.

첫 번째는 작자인 김진숙을 에워싸고 살던 어떤 대상에 대한 '부재'에서 오는 공허함과 허무감, 그리고 아픔을 동반한 그리움의 정서가 응축되어 있어 시적 공감대를 형성하는 것이 그 특성이다. 두 번째는 우리들 삶의 주변이나 주위에 소외된 이웃들 혹은 그늘에 사는 사람들에 대한 따뜻한 시선과 정서의 교감으로 시적 대상들을 무심히 보아 넘기지 않는다는 점이다. 김진숙 시인은 이런 따뜻한 눈길과 시선으로 시의 본령이라고 할 수 있는 응축된 형식 속에 자신의 사상과 감정을 직조해 내는 기법으로 시를 창작한다. 이러한 특성을 기반으로 김진숙 시의 대부분은 침묵 같은 언술로 독자들의 마음을 끌어내는 시인으로 가름할 수 있다.

가을비 내리면
그대 산소라도 다녀와야 견딜 수 있는 날이 있다
저 길 끝으로 걸어가는 사람처럼
식탁에도 길이 있음을 알았을 때
빈 그릇에도 수저를 놓아야 했고
숨겨두고 까맣게 잊어버리는 비상금처럼
기억의 위력 알았을 때도
젓가락을 놓아야 했다

저무는 것과 저물지 않는 빗속에
곤두박질하는 저녁
롯데리아 간판을 어둡게 하자 버거세트가 얼굴을 찡그린다

시월은 그런 달인가 보다

—「시월이어서」 전문

이 작품은「사람을 생각하는 일」의 연속으로 호환할 수 있는 작품으로 가슴 서늘하도록 감명을 준다. 그리움의 정서를 자칫 잘못 표현하면 감상적인 저급한 시가 될 수 있다. 그러나 김진숙 시인은 "저 길 끝으로 걸어가는 사람처럼/식탁에도 길이 있음을 알았을 때/그 그릇에도 수저를 놓아야 했고" 라고 고도의 비유로 이미지화 한다. 여기서 '길'은 곧 부재자에 대한 '그리움'의 상징적 길이다. 부재하면서도 그 부재자와 부재 사이에 놓을 수 있는 감성의 길, 그 길에서 만남을 상상하고 부재함을 안타까워하는 심상이 곧 김진숙 시의 공감대다. 이런 구상과 표현에서 김진숙의 시는 단조로운 듯하면서도 내면의 깊은 울림을 제공한다. 또한 뛰어난 묘사로 감성과 정서를 시다운 경지에 도달하게 한다.

그 부재함에 대한 그리움과 아쉬움의 길은「수타사2」에서도 이어진다.

그 어느 영혼이 꽃살문에 흔적 남겼는지
숨결 빠져나가는 소리 들린다

불당 가득한 향내는
바닥을 떠돌고

불당 뒤란에 쌓인
눈 위 멧새 발자국
먼 길 돌돌 말아 떠난 흔적
천왕성 눈 부릅뜨고도 못 본 게다

한창 나이에 떠난 그는
햇빛 한 줌으로
작열하게 부서져
눈보라 속 능선에 누웠으리라

참꽃 한 묶음 불전에 놓고 싶은 날이다

—「수타사2」 전문

이 시의 발상 역시 화자의 가슴속에 존재하는 '한 영혼'에서 출발한다. 곧 그 '영혼'을 소환하여 "꽃살문에 흔적 남겼는지/숨결 빠져나가는 소리 들린다"고 노래한다. 그리고 4연에서는 그 실상實相의 구체성을 드러낸다. "한창 나이에 떠난 그는/햇빛 한 줌으로/작열하게 부서져/눈보라 속 능선에 누웠으리라"라고 상상한다. 상상력은 시인들의 생명이다. 이 상상력으로 부재한 '그'를 불러 환상적 시의 세계를 확대한다. "상상력은 심리학의 결정, 정신분석의 그것까지를 포함하여 정신세계를 넘어서서 하나의 자생적이며 토착적인 세계를 형성하는 것"라고 바슐라르는 설명한다.「수타사2」)라는 이 시는 종교적 제목과는 달리 종교적 내용을 담고 있지 않지만 혼魂과 동행하는 심오한 정신세계를 그려낸 작품이라고 볼 수 있어 시의 품격을 한층 높이고 있다.

이 밖에도 부재한 '그'에 대한 회한의 발화로 쓴 시, "흩어진 식구들 숫자 세어 보고 또 세어 봐도/저릿한 타박상처럼 건드리면 통증이 먼저 오네요/물에 만 밥/저 혼자서 목구멍에 걸려 곤두섭니다"(「식구」)라는 표현에서 타박상처럼 가슴 아린 정서가 공감대를 자극하는 미학적 작품이다. 김진숙은 어떤 사물을 접할 때마다 유추되는 '그'에 대한 생각과 그리움은 궤도를 벗어날 줄 모르고 이어진다.

> 눈이 되고 싶어 하늘로 갔고 벚꽃이 되고 싶어 꽃이 된 남자 바코드처럼
> 손가락에 새겨진 문신, 사람 일은 알 수가 없다. 아무렇게나 구겨 신은
> 신발 속에 아직 떠나지 못한 이야기는 잔뿌리를 내리고 말은 펴졌고
> 하늘보다는 땅에 더 많이 펴졌다

곤두 선 세포 전류처럼 흐르고 꼭 다문 입 그림자처럼 부축을 받으며
기막힌 하루를 보낼 때 함박눈도 내리고 벚꽃도 내린다 지금 이 곳은

—「바코드」 전문

바코드bar code라는 매개물을 통하여 "바코드처럼 손가락에 새겨진 문신,"은 가슴 속에 새겨진 문신처럼 천상에 든 그에게 화자가 무언의 이야기를 전하는 상상력으로 승화된 시다. "구겨 신은 신발 속에 아직 떠나지 못한 이야기가 잔뿌리를 내리고" 있기도 하고 "전류처럼 꼭 다문 입---, 함박눈도 내리고 벚꽃도 내린다"라는 승화는 이 '함박눈'과 '벚꽃'의 상징성은 오로지 이 지상을 떠나간 '그'를 환유한 상징어이다. 그러므로 이 시는 무형체인 영혼과의 대화로 신비감마저 느끼게 한다. 지상에 존재하고 있는 화자가 천상으로 간 그와 서로 교신하는 상상력으로 승화된 작품으로 많은 의미와 여운을 동반하는 정신적 대화의 시다.

김진숙 시인의 '그리움'의 정서는 여기, '그대'라는 대상에서만 끝나지 않는다. 시는 곧 '체험의 산물'이라고 할 때 김진숙 시인이 마음 아파하고 그리워하는 또 하나의 대상은 지금 이 세상에는 없는 부모님이다.

할머니, 달이 우리 쫓아와요
아이와 천호 공원 가는 길에 따라나선 달

어릴 적 산동네 리어카로 이사하던 날
다리 불편한 어린 딸 업고
찌그러진 달 속에
스스로 유폐되었던
아버지의 지난 모습
내 몸 여기저기
옛것 불러일으켜 집 짓는지 아프다
아버지 등에 업혀 본 찌그러진 달

이제야 둥글어져 환하다
할머니, 달이 자꾸 우리 따라와요

–「달」 전문

이 시의 주체는 아버지를 대상으로 하고 있다. 그러나 그 아버지의 주체 속에 화자의 모습을 즉 "다리 불편한 어린 딸 업고"를 슬쩍 삽화처럼 끼워 넣어 아버지의 아픈 마음을 극화, 상승시킨다. 김진숙의 불편한 몸을 필자도 아는 탓인지 가슴 찡한 감동이 이 백지를 덮는다. 김진숙은 이렇게 그 아버지를 그리워하는 정서로 이야기를 동화同化, 상승시킨다. "다리 아픈 어린 딸을 업고"라는 표현을 중심으로 하여 아버지의 고된 삶(「산동네 리어커로 이사하던 날」)과 아픔과 그리움이 상승된다. 하얀 백지 속에 한 점 붉은피톨처럼 사랑의 정서가 고귀하게 승화된 미학적 작품이다. 다음「화장火葬」이란 시는 또 어떤가!

키 작은 뼈 사이로 검은 꽃이 보였다
어머니를 발굴하는 내내 봄볕이 쏟아졌고
해 준 게 뭐 있냐고 했던 내 독설이
어머니의 삭은 뼈마디에서 반짝인다
때때로 부는 봄바람
상처를 집요하게 핥아 대며
산자의 무게로 누른다
어떤 미안하고 미안한 안부는
그리울 것 없이 가슴깊이 화형火刑이 된다
심장을 쪼였던 어머니
부패의 온기도 없이
조용히 내게 온몸을 내 주고 있다

―「화장火葬」 전문

김진숙 시의 특색은 침묵 같은 과묵이다. 슬픈 일이나 가슴 아픈 일, 기쁜 일도 과묵하게 객관적 시선으로 웅숭깊게 고조, 상승시켜 나간다. 이런 기법은 감정을 내세우지 않고 시의 정도를 세우기 위한 정제된 시의 갈무리이다. 그래서 그의 모든 시는 시의 정통을 걷는 듯 중후하다.「화장火葬」

이란 시에서도 그런 기법을 여지없이 발휘하고 있다. 그러나 그 이면裏面은 아픔의 정서가 상승곡선을 이룬다. "해준 게 뭐 있냐고 했던 내 독설이/어머니의 삭은 뼈마디에서 반짝인다"라고 나의 잘못된 독설을 뼈마디에 대비시켜 아픔과 후회를 형상화 한다. 어디 그뿐인가? "때때로 부는 봄바람/상처를 집요하게 핥아대며/산자의 무게로 누른다" 고 자신이 내뱉었던 '독설'을 가슴 아파한다. 그리고 그 '독설'은 끝내 "그리울 것 없이, 그리움을 뛰어넘어 "가슴 깊이 화형火刑이 됐다"고 언술한다.

흔히 시를 논할 때 '도道'를 배우는 이치라고 한다. 노자는 도道를 천하 만물의 어머니라고 부르기도 했다. 좋은 시 한 편은 '군자의 도道와 같다'는 뜻이리라. 김진숙의 시는 덕성스러운 성격을 띠고 있는 것이 많다. "심장을 쪼였던 어머니/부패의 온기도 없이/조용히 내게 온몸을 내주고 있다"와 같은 어머니의 희생적 사랑을 미화한 것도 '도'의 한 덕목일 것이다. 그러나「관계」라는 작품에서는 흔히 유교사상에서 볼 수 있었던 한 가정의 가훈과도 같은 어머니의 가르침을 비유로 딸자식의 인권에 대한 인식의 부재함을 넌지시 제시해 보이기도 한다. "한 때 나만의 공간을 고집했던 시절/마루에 배 깔고 공부하며 호시탐탐 노리던/군대 간 오빠의 책상/오빠가 절이고 교회였던 어머니에게 타협은 없었다"(「관계」2연)고 언술한다. 어머니를 회상하면서 그 어머니가 자신에게 모질게 했던 어린 시절을 동시에 그리워하는 심상을 노래하고 있다.

## 2. 측은지심의 시심

점멸하는 사유로 생을 끌고 들어 선 동사무소 가난을 게워낸다 비루함을 수집하는 사회복지사 값을 매겨 흥정한다 변명이 아니길 바라면서 차마 눈길 거두지 못하고 가난에 맥 짚어주고 돌아앉은 복지사 등허리가 시퍼렇다 어설픈 핑계 알코올 냄새가 여름 한낮을 들통 나게 한다 한때 가내공장 일꾼들 거느리고 거들먹거리며 행세했던 때가 치명적일 수도 있다 돌아서는 사내 등 뒤로 벼랑 끝 솔개그늘이 진다 알 수 없는 마음 하나 출렁인다

–「노숙자」 전문

2021년 7월 기준 보건복지부 노숙인 실태조사에 의하면 우리나라 '노숙인 수'는 8956명이 거리 생활을 하고 있다고 한다. 실직으로 노숙을 시작한 사람은 42.2%이고, 가족 해체가 8.9%. 거리 노숙인 4명 중 1명이 채무로 인한 노숙자라고 한다. 그 중 여성노숙인은 27.8%에 해당하는 2.493명이고 미상도 24명이라는 통계다.(구글에서 발췌)

이 시는 아마 가내공장 일꾼들을 거느리고 거들먹거리며 행세했던 한 업주가 어쩌다 망하여 '노숙자' 생활을 하게 된 것으로 유추된다. 그런 그가 동사무소를 찾아가 보호대상

에 관한 무슨 신청을 한 것으로 간주된다. 그러나 "가난에 맥 짚어주고 돌아앉은 복지사 등허리가 시퍼렇다"라고 한 것으로 보아 '노숙자'가 원하는 보호대상자에서 제외된 것이다. 이 시에서 지극한 인간애의 발로로 유추할 수 있는 것은 "사내 등 뒤로 벼랑 끝 솔개그늘이 진다 알 수 없는 마음 하나 출렁인다"고 한 화자의 측은지심의 시선이다. 측은지심은 곧 김진숙의 인간미와 연결되는 인仁의 결정체다.

「월남댁」이란 작품은 또 어떤 유형으로 김진숙 시인의 정서를 자극했을까? 감상해 보자.

한 여름에 떠나와
낯선 이들 속에서 빌어 쓰는 언어
묵언하는 그녀
곁방살이하듯 땅을 밟는다

빛마저 다른 이곳에서
눈, 코, 입 똑같은 싹
말없이 올리고
감정과 육신을 파괴하는 남자에게
급히 두 손 모아 합장한다

메마른 옥수수
숨겨놓았던 눈물로 쪄낸 저녁
마주한 손 놓을 수 없어서

가슴에 켠 등 하나씩 소등하며
고향집 옥수수 밭으로 달려간다

갈라진 뒤꿈치 벌건 핏물
단 한 번의 위로도 없이
이 땅에서 저 땅까지 번지며
그녀를 태어나게도 하고 죽게도 하며
침묵하고 있다

—「월남댁」 전문

제목에서 시사示唆하는 대로 이주여성의 삶에 대한 시다. 우리가 가끔 뉴스나 언론 매체를 통하여 볼 수 있는 사건내용을 담고 있다. 남편으로부터의 구타, 성적학대, 소통되지 못하는 언어장벽 등으로 이주여성들이 받는 인격, 인권적 모독 사례를 가끔씩 듣고 볼 수 있었던 현상들이다. 이 시의 2연에서 그 실상이 잘 암시되고 있다. “감정과 육신을 파괴하는 남자에게/급히 두 손 모아 합장 한다”는 것이 그것이다. 근데 여기서 ‘합장’은 불교용어이지만 ‘두 손을 모은다’는 뜻으로 아마 ‘빈다’는 의미로 인식된다. 4연에서는 더 처참한 생활상이 암시된다.

“갈라진 뒤꿈치 벌건 핏물/단 한 번의 위로도 없이/이 땅에서 저 땅까지 번지며”에서 유추할 수 있듯이 이주여성의 고향에까지 힘들고 아픈 삶이 전해질 것이라는 상상으로 화자의 마음을 대변하고 있다. 김진숙 시인은 이렇게 이웃의 아픔과 그늘진 민초들에게 인간적인 아픔과 함께 어진仁 마음이 넘쳐흐르는 측은지심의 소유자다. 김진숙의 측은지심의 성정은 다음 작품에서도 엿볼 수 있다.

> 벼룩시장
> 없는 게 없는 곳이지만 내 것은 없다
>
> 한 번도 앉아서 잠든 적 없는 야생마처럼
> 허허 웃음 지며 허공에 발 뻗으며
> 뿌리내리기를 바라며
> 산 일 밖에 없다
>
> 은행나무 가지마다 쌓인 눈, 눈이 시리다
> 단순히 소주잔 들고 한숨 쉬는 것 말고
> 오늘의 운세는 그야말로 "안녕하세요 좋은 아침입니다"
>
> —「구직」 전문

이 시의 화자는 작자 자신의 이야기로 형상화 하고 있다. 객관적인 어떤 주체를 자신의 이야기처럼 승화시키려는 의도일 것이다. 이렇게 주체를 바꾸는 것은 시적 긴장감과 공감대를 형성하기 위함이다. 그런데 이 시의 구직자의 배후가 참 쓸쓸하고 공허한 정서를 불러일으킨다. 일자리 얻는 일이 쉽지 않다는 것을 적나라하게 암시한다. “허허 웃음 지며 허공에 발 뻗으며/산 일 밖에 없다”//며 “은행나무 가지마다 쌓인 눈, 눈이 시리다”고 공허하게 고백한다. 참 쓸쓸한 정경이다. 지금도 우리주위에는 이렇게 일자리를 얻지 못하여 떠도는 청년들이 얼마나 많은가! 5명 중 1명이 실업자란 통계도 있고 더구나 힘든 노동은 아예 외면하기 때문에 일자리 얻기가 더욱 어렵다는 보도도 있다, 며칠 전 신문보도에는 50-60대 층에서 일자리를 구하려는 사람이 더 많다는 것이다. 일을 한다는 것은 곧 산다는 의미이며 목숨과 연계된 일이기에 더욱 깊은 현실적 의미를 제시하는 시로 간주된다.

대장암 말기 어머니
구부러진 허리 못 펴고
집 떠나네

어디로 가는 지도 모르고
요양병원으로 떠나네

“야야, 어데로 가니?”
“엄니 병 고치러 가요”

평생 아들 말에 안 된다고 한 적 없는 어머니
아들이 하늘이고 땅이다

어머니 그 끝에 세워두고 돌아오는 길
온통 피눈물이 뺨을 갈긴다
"야야, 어데로 가니?"
"엄니 병 고치러 가요"

둥그렇게 눈 뜬 저녁노을이 두 눈 껌뻑이며 운다

—「거짓말」 전문

아, 시는 현대인들에게 가장 큰 숙제가 된 문제, 그 문제를 제시하고 있다. 즉 부모가 병들었을 때 간병 문제가 가장 큰 사회적 이슈issue로 대두되고 있는 그 문제다. 자녀들이 있는 부모라도 저마다 생계를 위해 일터에 나가야 하고, 간병인을 쓰자면 하루에 15만원씩, 한 달이면 5백만 원이 들어가야 한다고 한다. 그러므로 이 문제는 어느새 우리사회의 문제로, 아니 국가적 큰 과제로 부각되고 있다. 이런 상황임에도 병든 부모들은 요양원에 가려고 하지 않는단다. 그래서 신조어까지 등장하였다는 것이다. 요양원에 가는 것은 고려장으로 가는 마지막 길이라고. 그런고로 병든 부모들이 극구 받아들이지 못하는 곳이 요양병원, 혹은 요양원이라고 한다.

김진숙 시인은 이런 사회적 문제가 되고 있는 화두를 이끌어 내어 전율이 일도록 공감대를 자아내고 있다. "야야, 어데로 가니?/엄니 병 고치러 가요"//평생 아들 말에 안 된다고 한 적 없는 어머니/아들이 하늘이고 땅이다/ “어머니 그 끝에 세워두고 돌아오는 길/온통 피눈물이 뺨을 갈긴다” 는 이 시행을 읽는 순간 가슴이 먹먹해지도록 아프다. 이런 것이 곧 시의 위력이 아닐까라는 생각에 이른다. 이렇게 가슴을 울리고 공감대를 형성하는 일, 그래서 시는 위대하고 모든 예술 장르 중에서 우위를 점유한다고 하겠다.

김진숙의 ‘측은지심의 시심’은 여기서 끝나지 않는다.「꽃상여」에서는 “나풀대는 나비 한 마리 꽃상여에 앉는다”라고 죽은 영혼을 ‘나비’로 형상화 하여 애도의 마음을 표한다.

「그린 미장원」이란 작품에서는 주택가에 들어선 새로 들어선 ‘헤어숍’과의 생존경쟁의식으로 사회상의 단면을 조명하고 있다. 이렇게 김진숙은 낮은 자들에게, 그늘진 자들에게 따뜻한 시선을 보내며 그들의 아픔을 공유하는 시인이다.

### 3. 옛것에 대한 그리움의 정서

인간은 누구에게나 지나간 것에 대한 그리움과 아쉬움의 정서를 안고 살아간다. 그것은 다시 지나간 시간, 혹은 지나간 시절이 돌아올 수 없는 강이기 때문이다. 이렇게 잊을 수 없는 정서, 혹은 잊을 수 없는 체험은 시의 좋은 재료가 된다. 그래서 릴케는 "시는 체험이다"라는 말로 정의하지 않았던가! 김진숙 시인에게도 시의 곳곳에 지난 일들에 대한 정서적 충돌의 체험으로 축적된 소재들이 알곡처럼 쌓여 있다. 그리고 그 알곡은 곧 김진숙의 시의 소산이고 자산일 것이다. 한두 작품을 중심으로 감상해 보자.

누렁이와 아이가 뒹굴던 마당이 없어졌다
라면처럼 고불고불 돌며 느린 발자국 받아주던
골목과 희망슈퍼도 없어졌다
사람냄새 꿉꿉했던 골목
밀리고 밀리다
뿌리째 뽑힌 고추대궁 같이
빛바랜 삶의 이력

비상구 없이 하늘높이 솟아오른 옛집
퇴계동 61번지
발이 땅에 닿지 않는다

–「옛집」 전문

자전거도로는 설원의 고라니처럼
길을 잃고 강둑으로 들어간다
참아온 폭설이라 그를 찾기가 힘들었다
집과 집을 이어주던 길도 사라지고 없다

그 위를 토끼처럼 뛰었지만
그는 보이지 않았다

–「폭설」2연

위의 두 편의 시는 모두 지나간 것, 추억을 소환하여 옛것을 그리워하는 심상이다.

「옛집」은 "발이 땅에 닿지 않는다"는 비약으로 고층 아파트가 들어선 현대문명의 단면을 투사하고 있다. 그리고 그 이면에는 사라진 것에 대하여 아쉬움의 정서를 동반하고 있어 훈훈한 인간애를 상기시키기도 한다.「폭설」역시 잃어버린 것, 여기서는 대상이 3인칭인 '그'가 등장한다. 현재 부재한 '그'에 대한 그리움의 정서가 "집과 집을 이어주던 길이 사라지고 없"듯이 "그가 보이지 않는다"는 비유로 그리움과 아쉬움의 정서를 극대화 하고 있다.

시적 재료인 '체험' 중에는 그립고 아쉬운 체험도 많지만 재미있고 낭만적인 체험도 있다. 그런 체험은 독자들에게 흥미와 미소를 함께 공유할 수 있는 활력소가 되기도 하고 많은 뉘앙스를 제시하기도 한다. 다음의 작품을 보자.

더 이상 문지방 눈금은 키를 키우지 않아요
훌쩍 커 버린 아이는 낙서 위에
덧발라진 벽지만큼 단단한 뼈마디가 자랐지요

발꿈치 들고 파닥이며 복사뼈 깊이
가둬 둔 성장통을 꺼냅니다
평생 뜯어낼 일 없는 문지방 키 재기 눈금이
아이를 붙잡아 줄 겁니다

–「키 재기」 전문

우리는 어렸을 때 누구나 이런 경험을 겪었을 것이다. 형제들이 많은 집에서는 벽이나 문기둥에 눈금을 그어가며 누가 얼마나 더 큰 가를 재기도 하고, 또 외둥이를 키우는 집에서는 엄마 아빠가 아이의 키를 수시로 재는 일이 다반사였다. 김진숙은 이런 어린 날의 추억을 재탄생시켜 작품화 한 것이다. 물론 화자는 작자가 아닌 아이로 등장하지만 그 아이는 곧 작자의 자화상일 것이다. 덧붙여 더욱 재미있고 진솔한 작품이 있다.「옛일」이란 작품이 그것이다.

한때 나는 내가 살던 좁은 골목에
서점을 내고 싶은 마음 간절했으나
한 낮 가겟집 평상에 만우 아버지 술 취한 고함이
골목을 사 버려 그만 둔 적이 있다.

–「옛일」 전문

시는 상상력imagination의 산물이다. 이 시가 상상력의 산물인지 사실인지는 알 수 없지만 재미있는 발상의 작품이다. 덧붙여 다시 상상해 본다. 만약 김진숙 시인이 그 골목에서 서점을 시작했더라면 지금쯤은 아마 대형서점 주인이 되었을지도 모른다. 왜냐하면 김진숙 은 사회성인 친화력이 좋다. 게다가 창작을 하고 독서를 하는 사람이니까 어쩌면 책과의 인연으로 더 크게 번창했을 가능성이 앞서기 때문이다.

### 4. 마무리의 뒤편

"해질녘 누가 창문을 서성거려 내다보니/봉두난발한 풍경이 있다/낙엽에선 누렇게 밥 익는 냄새가 난다"// "이제 단단해진 네가 뒤늦게 서 있구나!"(「가을1」)에서 '네'라는 이인칭 대명사는 '가을'을 의인화 하였지만 어쩌면 작자 자신과의 대화로 뒷날을 다짐하는 말로 유추된다. 김진숙의 시는 이렇게 단단하게 여물어져 가을 추수를 하듯 그 결실을 거두고 있다. 그 알곡들은 빈 쭉정이가 없을 만큼 단단하게 영글어 그 시의 세계가 옹골차다.

그리고 이번 시집『비상구 혹은 그늘의 초상』은 우리들이 매일 사용하는 컴퓨터를 시적 대상물로 하여 현대인들의 심리와 현대 문명의 단면을 수사修辭한 모더니티modernity한 시다. "컨트롤 에프 눌러 탐색기에서 주소 표시 줄 목록 찾아 삭제하고 또 삭제하면서 지난날과 지난 사람을 지워간다"는 것이다. 그리고 다시 또 "새로운 사람을 디스크에 저장 한다"는 이분법적 감정과 감상의 일상화를 주 테마로 하고 있다. 현대를 살고 있는 우리들의 일상이지만 고도로 기계화되고 문명화 되어 가고 있는 현대인들의 생활상을 암시한 것으로 김진숙의 새로운 시 세계를 예감할 수 있는 작품으로 기록될 만하다. 앞으로 더욱 좋은 작품과 작품 세계를 창출하는 시인이 될 것이라 믿어 의심치 않는다.

시현실 시인선 021

# 비상구 혹은 그늘의 초상

초판 1쇄 발행 | 2024년 10월 28일

지은이 | 김진숙
발행인 | 원탁희
발행처 | 도서출판 예맥
등록번호 | 서울 바 02915
등록일 | 1999년 5월 21일

주소 07581 서울특별시 강서구 강서로 68길 36 상가 206호
전화 02 · 2658 · 6465
E-mail ymbook@naver.com

10,000원
ISBN 978-89-91411-70-8 03810

강원예술인복지지원센터
Gangwon Artists Welfare Support Center

"이 책은 강원특별자치도, 강원예술인복지지원센터 후원으로 발간되었습니다."